VIVIR CON PROPÓSITO *EN LA* VEJEZ

VIVIR CON PROPÓSITO *EN LA* VEJEZ

ALIENTO ESPIRITUAL *PARA* PERSONAS DE LA TERCERA EDAD

MISSY BUCHANAN

Vivir con propósito en la vejez

Traducido por: Magda Velander

Editado por: Jorge Berrios

Página web de The Upper Room®: www.upperroom.org.

Diseño de cubierta: Emily Weigel

Vivir con propósito en la vejez: meditaciones para personas de la tercera edad frágiles y para las personas que cuidan de ellas / Missy Buchanan.

ISBN: 978-0-8358-1979-4
Mobi ISBN: 978-0-8358-1980-0
Epub ISBN: 978-0-8358-1981-7

Impreso en los Estados Unidos de América

A las personas
de la residencia de ancianos Montclair Estates
que me invitaron a compartir la verdad sin tapujos de
sus luchas y alegrías diarias,
incluyendo a Ruby Zackmire, Mary Moyer,
Rita Shoemake, Wanda y Clifford Moon, Flo Danda,
Jewell Faulkner, Elizabeth Garrett, Barbara Gallop,
Norman Duren.

A mi dulce tía Mary
que afrontó cada día de sus noventa y cinco años
con un espíritu asombrosamente bondadoso.

Y muy especialmente a mis padres,
J. J. (Mack) y Minelle McGlothlin,
quienes fueron los primeros en dirigirme a Cristo
y en modelar vidas de gran fe
y esperanza persistente.

Índice

AGRADECIMIENTOS

Quiero reconocer la visión del personal de la editorial de Upper Room Books al reconocer la gran necesidad de animar espiritualmente a las personas ancianas frágiles. También me gustaría reconocer a un grupo especial de personas cuya influencia en mi vida y mi fe ha sido profunda. Gracias a mis amigos ángeles por ser un aliento infalible en el camino de la vida. También agradezco inmensamente a mis hijos y sus cónyuges: Matthew y Rachel, Mindy y Mike, y Beth; cuya compasión por sus abuelos ha conmovido mi propio corazón. Por último, quiero dar las gracias a mi esposo, Barry, por amarme tanto durante tanto tiempo. Me siento verdaderamente bendecida sin medida.

Dios, ¿Cuál es el propósito?

Confieso que hay días en los que el dolor sofoca mi pasión por vivir.
Hay noches oscuras en las que el miedo ahoga la esperanza.
A veces me pregunto por qué me has dejado en esta tierra.
He sobrevivido a muchos familiares y amigos. ¿Por qué sigo aquí?
¿Qué propósito podrías tener para mí ahora?
Mira mis manos. Antes eran fuertes y seguras, ahora son inestables y frágiles.
Mi mente, antes era rápida e incisiva, ahora flaquea bajo el peso de los nombres y las caras.
¿Qué propósito real tiene que me dedique a tejer por horas, navegar por los canales de la televisión, dormir durante la tarde?
Entonces tu Espíritu agita mi corazón y convence a mi alma.
¡No eres un Dios derrochador!
La duración de mis días terrenales es un misterio para mí, pero tengo la seguridad de que tú, mi Dios, me has creado con un propósito eterno.
¿Cómo puedo parecerme más a Cristo hoy? ¿La vida de cuál persona puedo tocar con bondad?

Señor, dame una medida extra de gracia cuando
sienta que soy demasiado mayor para ser útil.
Ayúdame a tomar mis limitaciones con calma,
mientras busco oportunidades para servirte.
Mi propósito no se ha marchitado con otro
cumpleaños.
Tiene sus raíces en la eternidad.

Salmo 33:11

«Pero los planes del Señor
quedan firmes para siempre;
los designios de su mente son eternos».

Efesios 1:11

«En Cristo también fuimos hechos herederos,
pues fuimos predestinados según el plan
de aquel que hace todas las cosas conforme
al designio de su voluntad».

En cámara lenta

Mi mundo pasa en una cámara lenta donde todo
se mueve despacio como almíbar espeso.
Es un ritmo deliberado que es a la vez lento y
pausado. En la residencia para ancianos las
personas se abren paso hacia el comedor
apoyadas por sus andadores ortopédicos
mientras hablan lentamente. Otras se inclinan
para escuchar cada palabra.
La realidad del mundo dice: «Date prisa. Hazlo
más rápido. Más rápido». Pero aquí, en el
centro para personas de la tercera edad, la vida
transcurre a pasos de tortuga.
Calculo cada tarea diaria en mi mente ¿Cuánto
tiempo se tardará en llegar desde aquí hasta allí?
Diez minutos hasta el comedor, a unos cincuenta
metros de distancia.
Un poco más de tiempo hasta la lavandería. El
tiempo es más largo aún si empujo el carrito.
Incluso las tareas sin sentido requieren más tiempo
y energía. Lavarse los dientes.
Abrochar la ropa. Cortar la comida. Pero hay
pequeñas maravillas que se encuentran en la
vida sin prisas.
Consigo ver florecer los primeros geranios fuera de
la habitación 107.

Aspiro al aroma de la hierba recién cortada.

Me detengo a charlar con el hombre encargado de mantenimiento, deleitándome con su último relato de la pesca.

Oh, Dios, por muy lenta que sea la vida, tu mano se mueve en las circunstancias de mi día.

Gracias a ti, sigo avanzando. ¡Gloria a Dios!

Salmo 31:14-15

Pero yo, Señor, en ti confío,
y digo: «Tú eres mi Dios».
Mi vida entera está en tus manos.

2ª de Pedro 3:13

«Pero, según su promesa, esperamos
un cielo nuevo y una tierra nueva,
en los que habite la justicia».

Preocupación

De vez en cuando me preocupo mucho.
Me preocupa el control de la vejiga y sobrevivir a mi dinero.
Me preocupan las vacunas contra la gripa, el Oriente Medio y por qué me han dado torta de manzana en lugar de cereza.
A veces me he sentido infeliz preocupándome por cosas que están fuera de mi control.
Dios, ¿por qué me cuesta tanto dejar mis cargas sobre ti?
La Escritura me dice que te entregue mis preocupaciones, pero sigo llevándolas conmigo como si no pudiera confiar en ti.
¿Quién soy yo para dudar de la capacidad del Creador para lidiar con mis dudas y temores?
Cuando tiendo a preocuparme, Señor, ayúdame a confiar más en ti.
Muéstrame cómo liberar una por una cada preocupación, en oración al Padre celestial.
En los grandes problemas del mundo y en los pequeños detalles de mi vida, tú estás presente.
Tú, que hiciste girar las galaxias en el espacio, ahora sostén mi corazón preocupado.

SALMO 25:1-2

«A ti, SEÑOR, elevo mi alma;
mi Dios, en ti confío».

1ª DE PEDRO 5:7

«Depositen en él toda ansiedad,
porque él cuida de ustedes».

NIETA

No hace mucho tiempo la cargaba en mis brazos
y le leía su cuento favorito de buenas noches.
La tomaba de la mano mientras las olas del mar
nos acariciaban los pies descalzos, haciéndonos
reír con una alegría increíble.
Pero ahora ella sostiene mi cuerpo encorvado
mientras me muevo de la cama a la silla.
Es muy humilde aceptar la ayuda, especialmente
de una nieta que una vez pensó que siempre
podría perseguir luciérnagas en una noche de
verano.
Dios, ¿dónde estás cuando cambian los roles
generacionales, cuando los jóvenes cuidan de
las personas de la tercera edad?
¿Es tu plan que aprendamos a servirnos los unos a
los otros y a aceptar que nos sirvan?
Dame la gracia de renunciar a mi orgullo, de
deleitarme con la compasión de mi nieta.
Déjame enseñarle la verdad sobre la confianza en
las diferentes circunstancias de la vida.
En esta etapa curiosa de la vida, en la que se cruzan
las personas ancianas y las jóvenes, permite que
podamos ver en ellas los ojos de Cristo que nos
miran.

Salmo 25:9

«Él dirige en la justicia a los humildes,
y les enseña su camino».

Efesios 6:7-8 (DHH)

«Realicen su trabajo de buena gana,
como un servicio al Señor y no a los hombres.
Pues deben saber que cada uno, sea esclavo
o libre, recibirá del Señor según lo que
haya hecho de bueno».

NO HAY QUE CONTENERSE

Tengo ropa nueva que guardo para un día
lluvioso.
De hecho, la he guardado durante años.
La ropa interior y las pijamas están guardadas en
una envoltura plástica.
Camisas con etiquetas de precios colgando de las
mangas.
Algunas de las prendas de vestir fueron regalos;
otras, gangas. Todas están esperando un día lo
suficientemente especial.
Señor, ¿por qué actúo así? Tal vez sea por cómo me
educaron. Para trabajar duro y ahorrar.
Ciertamente quieres que seamos buenos
administradores, pero ahora me pregunto:
¿También he retenido mis alabanzas hacia ti como
si algún día se me fueran a acabar?
¿Lo he repartido cautelosamente en pequeñas
porciones?
¿De dónde saqué la idea de que la adoración debe
ser siempre comedida, tranquila y seria?
A través de mi larga vida, me has colmado de
bendición tras bendición.
Hoy no retendré las alabanzas que mereces.
Despierta la pasión que he guardado para un día
lluvioso.

Todo se trata de ti, Señor. No de mí, sino de ti.
Antes de levantarme de esta silla, levantaré las manos y diré en voz alta el Padrenuestro. Hoy consideraré lo que significan todas esas palabras.
Cantaré un himno de alabanza mientras me peino y me pongo los calcetines.
No esperaré a otro día.
¡Cantaré al Señor con alegría!

Salmo 34:1-3

«Bendeciré al Señor en todo tiempo;
mis labios siempre lo alabarán.
Mi alma se gloría en el Señor;
lo oirán los humildes y se alegrarán.
Engrandezcan al Señor conmigo;
exaltemos a una su nombre».

Hebreos 12:28

«Así que nosotros, que estamos recibiendo un reino inconmovible, seamos agradecidos. Inspirados por esta gratitud, adoremos a Dios como a él le agrada, con temor reverente».

Correo

Cada día espero con impaciencia un sonido familiar. Las llaves chocando con las cajas de metal anunciando la presencia de la persona que trae el correo.

Tal vez haya una tarjeta de colores o un dibujo de crayón para mi pared.

Sin embargo, lo más probable es que solo haya anuncios en papel y cupones que nunca utilizaré.

Correo sin nombre dirigido a «Residente».

Aún así, siento ansiedad por echar un vistazo a la correspondencia.

Y aunque no haya ningún correo, no me has olvidado.

Me has enviado cartas de amor de las escrituras para leerlas una y otra vez.

Son palabras de sabiduría, de ánimo y de esperanza.

Así que, si hoy solo hay correspondencia inservible entre mi correo, descansaré en la promesa de que mi nombre está escrito en tu corazón.

Señor, quiero vivir mi vida como algo más que una persona «residente».

Quiero vivir para que las demás personas vean quién eres.

Cuando mi vida parezca insignificante,
recuérdame que todavía tengo valor.
Hoy le enviaré una postal a un vecino que ha
estado enfermo.
Escribiré una nota a un amigo o amiga solo para
decirle: «Estoy pensando en ti».
Por el precio de una estampilla postal, un
compañero(a) de peregrinaje recibirá palabras
de aliento.
Y lo sellaría con la firma: Gloriosa bendición.

Salmo 115:12

«El Señor nos recuerda y nos bendice».

Romanos 8:17

«Y, si somos hijos, somos herederos;
herederos de Dios y coherederos con
Cristo, pues, si ahora sufrimos con él,
también tendremos parte con él
en su gloria».

SILLA DE RUEDAS

He aprendido a conducir por segunda vez en mi
vida.
Esta vez parecía más difícil que la primera.
No hay volante ni freno, solo un control del
tamaño de un pulgar.
¿Quién iba a pensar que podría utilizar dos dedos
para moverme por la habitación en una silla
operada por baterías?
Agradezco por esta tecnología tan increíble.
Puedo maniobrar por los alrededores mientras me
siento en una silla cómoda con ruedas que giran
en una moneda.
La artritis debilitante me dejó demasiado débil
para caminar, y la cirugía es demasiado
arriesgada a mi edad.
Pero la idea de aprender a conducir una silla me
resultaba inquietante.
Pensaba que tenía demasiada edad para aprender
algo nuevo, pero me equivocaba.
Tuve que practicar el giro y el estacionamiento una
y otra vez.
Señor, confieso que he dejado cicatrices y rasguños
en no pocas paredes y marcos de puertas.
Y en el camino, he descubierto que una silla de
ruedas se parece mucho a la vida.

A menudo he juzgado mal una situación y me he encontrado contra la pared.

En esos momentos, me has enseñado a perseverar. Y he aprendido que, sin una batería cargada, la silla no tiene poder.

Oh Dios, que pueda enchufar mi alma cansada al poder de tu Espíritu, ¡fuente de toda vida y bondad!

Salmo 68:35

«En tu santuario, oh Dios,
eres imponente; ¡el Dios de Israel
da poder y fuerza a su pueblo!
¡Bendito sea Dios!».

Hechos 1:8

«Pero, cuando venga el Espíritu Santo sobre ustedes, recibirán poder y serán mis testigos tanto en Jerusalén como en toda Judea y Samaria, y hasta los confines de la tierra».

Amistades al final de la vida

Estas no son las amistades que intercambiaron historias de fogatas y compartieron bebidas y comidas conmigo cuando acampábamos.
No son aquellas amistades cuyos hijos jugaban al escondite con los nuestros en las noches de reuniones familiares.
De hecho, no las descubrirán hasta los últimos capítulos de la historia de la vida.
Son amistades que llegan al final de la vida y cuyos caminos se han cruzado con los míos aquí en el centro para personas de la tercera edad.
Tienen sus propias historias, sus propios recuerdos, sus propias amistades del pasado.
Pero todos y todas necesitamos amistades al final de la vida, que nos acompañen mientras llegamos al final de este peregrinaje.
Oh, Señor, evita que me encierre en mi habitación, utilizándola como una prisión autoimpuesta.
No dejes que cierre mi puerta a nuevas relaciones.
¡Anímame a salir de mi habitación y ser una amistad para otras personas al final de la vida!

Salmo 10:16-17

«El Señor es rey eterno;
 los paganos serán borrados de su tierra.
Tú, Señor, escuchas la petición de los indefensos,
 les infundes aliento y atiendes a su clamor».

Romanos 1:11-12

«Tengo muchos deseos de verlos para impartirles algún don espiritual que los fortalezca; mejor dicho, para que unos a otros nos animemos con la fe que compartimos».

Ahora ya no lo puedo hacer

Entregué las llaves del auto. Sabía que era el
momento. De hecho, fue un alivio.
Pero para esta persona que hace las cosas por su
cuenta, fue difícil admitir que no puedo hacer
las cosas que antes podía hacer.
Oh, Señor, mi sentido de la independencia ha sido
golpeado.
Hay tantas cosas que me gustaría hacer por mis
propios medios, pero no puedo.
Si pudiera, cambiaría una bombilla del techo y
haría el balance de mi chequera.
Pero estas tareas son difíciles para mí ahora.
A veces siento humillación por mi dependencia de
las demás personas.
No quiero ser una carga.
Señor, dame un espíritu humilde para aceptar la
ayuda con gracia.
En mi debilidad eres fuerte.
En el misterio que es la vida, ayúdame a depender
de ti y a confiar en tu plan perfecto.

Salmo 57:2

«Clamo al Dios Altísimo,
al Dios que me brinda su apoyo».

2ª a los Corintios 13:4

«Es cierto que fue crucificado en debilidad, pero ahora vive por el poder de Dios. De igual manera, nosotros participamos de su debilidad, pero por el poder de Dios viviremos con Cristo para ustedes».

Fiesta de autocompasión

Rompe la invitación. La fiesta ha sido cancelada.
Hoy no habrá fiesta de autocompasión, aunque confieso que me duele desde la cabeza hasta los pies.
Ocasionalmente siento tanto dolor que me hago una pequeña fiesta de autocompasión. Pero hoy no lo haré.
Demasiada empatía puede ser algo peligroso.
Cuando tengo ansias de que otras personas noten mi dolor, la fiesta ha comenzado.
Oh Dios, evita que de forma crónica me autocompadezca.
No quiero ser un drenaje en el pozo profundo de compasión de otras personas.
Ayúdame a aceptar mis aflicciones, sabiendo que vendrá un día mejor.
Ayúdame a convertir mi autocompasión en un acto pequeño de servicio para un vecino(a).
Que mi abrazo sea el consuelo de alguien.
Deja que mis palabras suaves levanten el espíritu de otra persona.
Contaré mis bendiciones interminables, una por una, hasta que la lástima se convierta en gratitud.

En todo lo que hago, utiliza mi vida para dar a otras personas un vistazo de tu celebración eterna.

¡Este es mi propósito, lo sé! ¡Aleluya!

Salmo 47:1-2

«Aplaudan, pueblos todos;
aclamen a Dios con gritos de alegría.
¡Cuán imponente es el Señor Altísimo,
el gran rey de toda la tierra!».

Efesios 4:22-24

«Con respecto a la vida que antes llevaban, se les enseñó que debían quitarse el ropaje de la vieja naturaleza, la cual está corrompida por los deseos engañosos; ser renovados en la actitud de su mente; y ponerse el ropaje de la nueva naturaleza, creada a imagen de Dios, en verdadera justicia y santidad».

DESORDEN

Algunos lo llaman desorden. Yo lo llamo vida.
Un sinfín de cosas acumuladas a lo largo de los años, lo que hace que sea difícil acomodarlas en un apartamento pequeño para personas de la tercera edad.
¿Cómo decido qué conservar, qué vender y qué regalar?
Algunos objetos son pequeños retazos de vida, que reclaman un lugar especial en mi corazón.
Tarjetas de felicitación descoloridas y el jarrón de mi madre.
Caracoles marinos del Caribe y el primer informe de calificaciones de mi hijo.
Otras cosas están dispersas aquí y allá, acumuladas en cajones y armarios.
Señor, no necesito todas las cosas que una vez pensé que tenía que tener, pero no es fácil dejarlas ir.
Evita que me agobie acumulando cantidades de cosas innecesarias.
Ayúdame a ordenar el desorden y a recordar que las cosas de este mundo son solo temporales.
Muéstrame cómo aligerar mi carga, sabiendo que mi herencia eterna me espera.

Salmo 119:37

«Aparta mi vista de cosas vanas,
dame vida conforme a tu palabra».

Mateo 6:19-20

«No acumulen para sí tesoros en la tierra,
donde la polilla y el óxido destruyen y
donde los ladrones se meten a robar.
Más bien, acumulen para sí tesoros en el cielo,
donde ni la polilla ni el óxido carcomen,
ni los ladrones se meten a robar».

Vida y muerte

Hay anuncios diarios en el comedor.
También se pueden leer en los tablones de anuncios y en los calendarios de tamaño grande.
En medio de las noticias sobre una excursión a la tienda de comestibles y el dominó de la tarde, hay una actualización sobre una de las personas residentes que ahora está en la UCI (Unidad de Cuidados Intensivos).
En un centro para personas de la tercera edad, las ambulancias van y vienen, suscitando preguntas sobre quién y qué.
Aquí no se puede negar la muerte. No se puede pasar por alto ni ignorar.
Forma parte de la vida cotidiana y a veces los anuncios sirven de recordatorio aleccionador de nuestra mortalidad.
Aquí, en el centro para personas de la tercera edad, la vida y la muerte fluyen de una forma extrañamente natural.
Pero gracias a la Cruz, vivo con la certeza de que mi futuro está asegurado. La eternidad es mía.
¡Me alegro de la promesa!

Salmo 89:48 (DHH)

«¡Nadie puede vivir y no morir nunca!
¡Nadie puede librarse del poder de la muerte!».

Romanos 6:23

«Porque la paga del pecado es muerte,
mientras que la dádiva de Dios es vida eterna
en Cristo Jesús, nuestro Señor».

Buenas noches de sueño

Ha sido un día largo, muy largo.
Siento el agotamiento y la fatiga.
Me cuesta levantar a las sábanas de mi cama.
Incluso ponerme la ropa de dormir ha sido un calvario.
En noches como esta quiero agitar el puño y gritarte: «¿Por qué es tan difícil envejecer?».
El sol apenas se ha ocultado tras el horizonte y ya anhelo una noche de buen descanso.
Envuélveme en tu presencia apacible, Señor.
Restaura mi cuerpo y mente con muchas horas de sueño ininterrumpido.
Mientras mis ojos se cierran esta noche, deja que mi mente descanse en ti.
Dulce, dulce sueño.

Salmo 116:7

«¡Ya puedes, alma mía, estar tranquila,
que el Señor ha sido bueno contigo!».

Mateo 11:28-29

«Vengan a mí todos ustedes
que están cansados y agobiados,
y yo les daré descanso . . . Pues yo soy
apacible y humilde de corazón,
y encontrarán descanso para su alma».

Alrededor de la mesa

Por encima de la conversación silenciosa, se escucha el movimiento suave de los carritos rodantes y el hielo en los vasos.

Es la hora de la comida, y doy gracias por este momento de compañerismo y los alimentos.

Antes éramos personas extrañas conviviendo en el mismo lugar; ahora somos amigos y amigas que nos sentamos a la mesa y aportamos diferentes gustos adquiridos a lo largo de décadas de experiencias vividas.

Demasiada pimienta. No lo suficiente. Demasiado dulce. Demasiado agrio.

Justo el sabor perfecto.

Alrededor de la mesa somos una comunidad donde las relaciones son más importantes que la comida.

Es aquí donde intercambiamos los alardes sobre el nuevo trabajo de una nieta o el premio de un sobrino.

Aquí compartimos risas e historias, dolores y molestias.

Algunos llevamos baberos de gran tamaño alrededor del cuello, una solución práctica para los derrames y demás.

Somos bautistas y metodistas, católicos y
evangélicos, y algunas personas que rara vez
han pisado la puerta de una iglesia.
Pero alrededor de la mesa, nadie se deja
impresionar por los temas confesionales.
Simplemente somos compañeros y compañeras
de peregrinaje.
La mesa es un lugar de conexión en el que alguien
se da cuenta y se preocupa si no estás allí.
Oh Dios, nos has hecho un pueblo que ansía
relacionarse.
Has hecho que tengamos hambre de amor y
respeto, sin importar nuestra edad.
Y nos has dado un apetito santo por ti.
¡Llénanos, Señor!

Salmo 34:8 (DHH)

«Prueben, y vean que el Señor es bueno.
¡Feliz el hombre que en él confía!».

Hebreos 10:25

«No dejemos de congregarnos, como acostumbran
hacerlo algunos, sino animémonos unos
a otros, y con mayor razón ahora que vemos
que aquel día se acerca».

Días ordinarios

Hay un ritmo lento y constante en los días ordinarios.
Días sin incidentes que siguen una rutina simple de comidas, medicamentos y programas de televisión favoritos.
Durante este tiempo, los espacios vacíos desfilan por el calendario.
Un día se siente como el siguiente.
En realidad, me gustan los días que no se ven interrumpidos por la crisis o los cambios repentinos.
Agradezco por la repetición de los días sin crisis.
Pero Señor, es fácil perderse en la monotonía.
Sálvame del vacío que viene con tener demasiado tiempo para pensar y muy poco para hacer. Es un terreno fértil para que crezcan los pensamientos negativos.
Y si me aferro demasiado a la rutina rígida, recuérdame que puedo perderme una sorpresa maravillosa.
Ayúdame a redescubrir las bendiciones abundantes en mi vida.
Hoy voy a pasar las páginas de un álbum de fotos viejas, y voy a dar las gracias por las historias de mi vida.

Oraré por mis seres queridos, mientras llamo a
cada uno por su nombre.
Oh Señor, muéstrame la alegría extraordinaria de
los días ordinarios.

Salmo 19:8

«Los preceptos del Señor son rectos:
traen alegría al corazón.
El mandamiento del Señor es claro:
da luz a los ojos».

Romanos 12:11-13

«Nunca dejen de ser diligentes; antes bien,
sirvan al Señor con el fervor que da el Espíritu.
Alégrense en la esperanza, muestren
paciencia en el sufrimiento, perseveren en la
oración.
Ayuden a los hermanos necesitados.
Practiquen la hospitalidad».

Frascos de medicamentos

Los cilindros plásticos color marrón con medicamentos se alinean en el estante.
Medicamentos recetados con nombres difíciles de pronunciar e innumerables efectos secundarios posibles.
Los medicamentos proporcionan una mejor calidad de vida; al menos eso es lo que dicen los anuncios.
Dos veces al día. Una vez por la mañana. Tomar con la comida.
Una a la hora de acostarse.
Para la presión arterial y el colesterol alto, para la artritis y para ayudar a dormir.
Parece tan extraño que mi mundo gire en torno a píldoras y cápsulas.
Más que los grandes milagros de la medicina moderna, es el milagro de tu amor.
Has dado un valor incalculable a mi vida, no porque lo merezca, sino por quien eres.
Oh Señor, tú eres el gran médico cuya voluntad para mi vida es el bienestar y la restauración.
Dame una dosis diaria de humor que alivie el dolor.
Suminístrame el bálsamo del ánimo que supera la fatiga.

Permíteme responder en oración y alabanza.
Sobre todo, ayúdame a mantener mis ojos en ti, el Sanador de las vidas rotas y los cuerpos desgastados por el tiempo.

Salmo 6:2

«Tenme compasión, Señor, porque desfallezco; sáname, Señor, que un frío de muerte recorre mis huesos».

Mateo 4:23

«Jesús recorría toda Galilea, enseñando
en las sinagogas, anunciando las buenas nuevas
del reino, y sanando toda enfermedad
y dolencia entre la gente».

PECADO

Me gustaría creer que hay un momento en el
que he superado la capacidad de pecar.
Me gustaría creerlo, pero no puedo porque no es
cierto. Incluso a mi edad madura, sigo pecando.
Perdóname cuando me comporto con dura cerviz
y rebeldía, cuando siento mas pasión por cómo
era la vida que por ti.
Perdóname cuando miro de forma sentenciosa a
alguien que es diferente a mí.
Señor, sé que hay días en los que estoy de mal
humor y me quejo de cosas insignificantes.
Condensa a mi espíritu. Perdona a tu hijo(a)
anciano.
Por favor, escucha esta oración ferviente de
confesión.
Cúbreme con tu gracia y ayúdame cada día a
crecer mientras envejezco aún más.

Salmo 51:1-4

«Ten compasión de mí, oh Dios,
conforme a tu gran amor;
conforme a tu inmensa bondad,
borra mis transgresiones.
Lávame de toda mi maldad
y límpiame de mi pecado.
Yo reconozco mis transgresiones;
siempre tengo presente mi pecado.
Contra ti he pecado, solo contra ti,
y he hecho lo que es malo ante tus ojos;
por eso, tu sentencia es justa,
y tu juicio, irreprochable».

Mateo 6:14 (DHH)

«Porque si ustedes perdonan a otros el mal que les han hecho, su Padre que está en el cielo los perdonará también a ustedes».

Bingo

A media tarde la gente se dirige al comedor,
ansiosa por jugar una o dos horas.
Es la hora del bingo en el centro para ancianos.
En las mesas se reparten tarjetas grandes con letras
en negrita.
Algunas personas juguetean con los audífonos y
los lentes mientras se anuncian los números en
voz alta.
B-12.
G-52.
I-27.
Finalmente, una voz grita emocionada como la de
un niño que sabe la respuesta a la pregunta de
un profesor.
¡Bingo! ¡Bingo!
Oh, Dios, ¿puede esta tontería ser parte de tu
diseño?
Evita que me convierta en la persona anciana
canosa amargada que nunca quise ser.
Dame alegría en este peregrinaje hasta su final.
Cuando me sienta sin ánimo y de mal humor,
¡despierta mi sentido de la diversión!

Sin duda, en los placeres simples de un juego, en las risas y la camaradería vemos un poco del Reino venidero.

¡Aleluya!

Salmo 133:1 (DHH)

«¡Vean qué bueno y agradable es
que los hermanos vivan unidos!».

1ª a los Tesalonicenses 5:11

«Por eso, anímense y edifíquense
unos a otros, tal como lo vienen
haciendo».

Solo aquí

Solo aquí.
Así es como me siento hoy.
Solo estoy aquí.
Estancado/a.
Es como ocupar un espacio solamente.
Parece que solo estoy marcando el tiempo hasta que estés listo para llevarme a casa, Dios.
Es como pasar por los movimientos de la vida sin vivir realmente.
Marchar en el mismo lugar una y otra vez, día tras día.
No voy a ninguna parte. Solo aquí.
Señor, ayúdame a luchar contra esta depresión lenta.
Remueve mi espíritu sombrío.
Cambia la forma en que veo la vida.
Déjame encontrar el rayo pequeño de sol que atraviesa las nubes más oscuras.
Te glorificaré un día a la vez, una hora a la vez.
Bendito sea el nombre del Señor, que me levanta del abismo de solo estar aquí.

Salmo 42:1-4 (DHH)

«Como ciervo sediento en busca de un río,
así, Dios mío, te busco a ti.
Tengo sed de Dios, del Dios de la vida.
¿Cuándo volveré a presentarme ante Dios?
Día y noche, mis lágrimas son mi alimento,
mientras a todas horas me preguntan:
«¿Dónde está tu Dios?»
Cuando pienso en estas cosas,
doy rienda suelta a mi dolor.
Recuerdo cuando yo iba con la gente,
conduciéndola al templo de Dios
entre gritos de alegría y gratitud.
¡Qué gran fiesta entonces!».

Romanos 12:2 (DHH)

«No vivan ya según los criterios
del tiempo presente; al contrario,
cambien su manera de pensar para que así
cambie su manera de vivir y lleguen a conocer
la voluntad de Dios, es decir, lo que es bueno,
lo que le es grato, lo que es perfecto».

Un mundo reducido

He visto las muchas maravillas de tu mundo, oh Dios.
No hace mucho tiempo, yo recogía flores silvestres en las praderas verdes y saltaba por los arroyos de la montaña.
Movía los dedos de los pies en la arena blanca como el azúcar y levantaba mi rostro ante el agua salada del mar que salpicaba.
Tu creación es tan vasta; el universo tan grande.
Pero ahora, mi mundo se reduce a un pequeño apartamento en un complejo para personas mayores donde los andadores ortopédicos y las sillas de ruedas navegan por las aceras como góndolas en el Gran Canal.
Mis días están anclados en un sillón, y solo las visitas al médico y las ocasiones especiales me llevan más allá de este lugar que es mi hogar.
Aunque me limitan el espacio y la movilidad física, mi Dios no está limitado.
Cada día recuerdo que este es el mundo de mi Padre.
A la vuelta de la esquina capto la fragancia de una rosa, flotando en una brisa cálida.
Desde mi puerta observo como una hoja de color intenso, del arce revolotea hacia el cielo.

Celebro el patrón de sombra y luz creado por el sol
que brilla a través de las barandillas del pórtico.
Estas cosas sencillas me señalan a ti, oh Dios,
creador de todo.
Bendice a este mundo reducido y a todas las
personas que lo habitan.

Salmo 50:12

«. . . Pues mío es el mundo, y todo lo que contiene».

Romanos 1:20 (DHH)

«Pues lo invisible de Dios se puede llegar a conocer, si se reflexiona en lo que él ha hecho. En efecto, desde que el mundo fue creado, claramente se ha podido ver que él es Dios y que su poder nunca tendrá fin.
Por eso los malvados no tienen disculpa».

En el olvido

¿Es posible que seamos personas amadas y olvidadas al mismo tiempo?

A veces me siento así.

Amada pero olvidada, como una muñeca que una vez fue apreciada y luego dejada en la parte alta de un estante.

Fuera de mi centro de personas mayores, las amistades y la familia van de un sitio a otro.

Tienen buenas intenciones, pero sus vidas están abarrotadas de trabajos y partidos de fútbol, eventos de la iglesia y comida rápida.

Parece que soy lo último en sus listas largas de tareas. Oh Dios, tú escuchas el clamor de mi corazón confundido y aún me amas.

Cuando sienta que las demás personas me han olvidado, permíteme alegrarme al saber que nunca olvidarás a uno de tus hijos(as).

Nunca me dejarás como una muñeca en un estante.

Si quiero que mis amistades y mi familia se acuerden de mí, que yo me acuerde de ellos;

llamaré por teléfono a un ser querido y escucharé con atención los altibajos de su día.

Ahuyentaré la soledad llamando a la puerta de una persona vecina para compartir una o dos galletas.

Señor, ayúdame a seguir adelante, manteniendo mi mirada en ti. No me han olvidado. He sido redimido(a).

Salmo 16:9-10

«Por eso mi corazón se alegra,
y se regocijan mis entrañas;
todo mi ser se llena de confianza.
No dejarás que mi vida termine en
el sepulcro; no permitirás que sufra
corrupción tu siervo fiel».

Lucas 12:6-7

«¿No se venden cinco gorriones por dos moneditas? Sin embargo, Dios no se olvida de ninguno de ellos. Así mismo sucede con ustedes: aun los cabellos de su cabeza están contados. No tengan miedo; ustedes valen más que muchos gorriones».

Risas

Hay risas en el centro para ancianos.
Sin apenas insistir, las sonrisas se extienden con facilidad por los rostros arrugados.
El martes por la mañana, bailarines con boas de plumas amenizan en un estilo animado.
El viernes por la tarde hay un imitador de cantantes clásicos con zapatos de gamuza azul.
En el comedor hay bromas tontas que olvido incluso antes de que se sirva el postre.
Oh Señor, siento tu presencia en la fragancia dulce de la risa.
Una risa suave que hace que los ojos viejos vuelvan a brillar.
Cuando siento depresión, su sonido contagioso me reanima.
Gracias por la risa que suaviza las rocas escarpadas de la vida.
¡Hoy reiré con alegría incontenible!
¡Con alegría, con alegría, te adoramos!

Salmo 126:1-2 (DHH)

«Cuando el Señor cambió la suerte de Sión,
nos pareció que estábamos soñando.
Entonces nuestra boca y nuestros labios
se llenaron de risas y gritos de alegría;
entonces los paganos decían:
¡El Señor ha hecho grandes cosas por ellos!».

Lucas 6:20-21

Él entonces dirigió la mirada a sus discípulos y dijo:
«Dichosos ustedes los pobres,
porque el reino de Dios les pertenece.
Dichosos ustedes que ahora pasan hambre,
porque serán saciados.
Dichosos ustedes que ahora lloran,
porque luego habrán de reír».

LÍNEA DE SUSTENTO

Hay un teléfono al alcance de mi mano.
Es la conexión con mis amistades y familiares
que están a kilómetros de distancia o a pocas
puertas de distancia. Es una forma de hablarnos
para alejar el aislamiento.
En la pared hay un botón que puedo pulsar si hay
una emergencia.
Llevo otro botón alrededor del cuello para
alertar a otra persona si me caigo o empiezo a
desmayarme.
Cada una es una línea de sustento que me une a
otra. Y lo mismo ocurre con la oración.
Es mi línea de vida hacia ti, oh Dios.
Pero, ¿por qué espero a que haya una crisis,
pulsando frenéticamente el botón de la oración?
¡Ayúdame! ¡Ayúdame, ahora, Señor!
Padre, enséñame a tener una conversación
continua contigo.
Una conversación fácil sobre todas las cosas de mi
corazón.
Oraré a lo largo de este día, sabiendo que tú
escuchas cada palabra.
¡Que maravilla! La maravilla de una línea de
sustento.

Salmo 17:6

«A ti clamo, oh Dios, porque tú me respondes;
inclina a mí tu oído, y escucha mi oración».

1ª a los Tesalonicenses 5:16-18

«Estén siempre alegres, oren sin cesar,
den gracias a Dios en toda situación,
porque esta es su voluntad para ustedes
en Cristo Jesús».

Pérdida

Se podría pensar que después de tantos años,
sería más fácil aceptar la pérdida. Pero no lo es.
Expresar una despedida terrenal es difícil, Señor,
incluso a mi edad.
A menudo hablábamos de quién moriría primero,
de quién podría seguir mejor sin la otra
persona, como si estuviera bajo nuestro control.
Pero, por supuesto, no es así.
Duele alcanzar la mano que no está ahí.
Echo de menos sobre todo la conversación
nocturna, la charla de almohada sobre el sueño
de un nieto o nieta y el pollo frito de hoy.
Estos años de ocaso son agridulces.
El silencio puede ser un sonido solitario.
Se me saltan las lágrimas cuando pienso en todas
las historias de vida que creamos juntos.
En la soledad de la tarde, a veces me sumerjo en la
tristeza.
Dios, refuerza mi espíritu decaído.
Hay consuelo en saber que incluso Jesús lloró.
Nunca dijiste que el viaje sería sin dolor o lucha.
Pero has prometido que la eternidad valdrá cada paso.
Un día lo celebraré con los seres queridos que me
esperan allí.
¡Sí, creo! Oh Dios, ¡Sí, creo!

Salmo 34:18

«El Señor está cerca de los quebrantados de corazón, y salva a los de espíritu abatido».

Juan 16:20

«Se pondrán tristes, pero su tristeza se convertirá en alegría».

ESPERANZA

Señor, hoy necesito una gran dosis de esperanza.
No del tipo ilusoria.
Ni siquiera una esperanza casi segura.
Necesito el tipo de esperanza real que aliviana un día pesado.
Siento el cansancio de apretar los dientes, tratando de tragar el dolor que es mi realidad.
Cuando miro hacia atrás en mi vida, veo como has demostrado tu fidelidad una y otra vez.
Hubo momentos en los que pensé que te habías olvidado de mí, pero descubrí que me tenías tan cerca que no podía ver.
Así que, si el dolor obstinado se niega a ceder durante un tiempo, seguiré susurrando tu nombre en señal de alabanza.
Vuelve a centrar mi mente en ti, Señor. Solo en ti.
Es ahí donde encuentro la esperanza.

Salmo 31:24

«Cobren ánimo y ármense de valor,
todos los que en el Señor esperan».

Romanos 15:4

«De hecho, todo lo que se escribió
en el pasado se escribió para enseñarnos,
a fin de que, alentados por las Escrituras,
perseveremos en mantener
nuestra esperanza».

El regalo de una vida larga

A veces me pregunto si una vida larga es
realmente un regalo.
Siento cansancio y debilidad, no puedo ni abrir un
tarro de mermelada.
Me siento tan inútil.
Entonces empiezo a pensar en tantas bendiciones
que la vida larga me ha proporcionado.
He visto crecer a mis hijos e hijas, nietos y nietas
desde que eran muy pequeños de mejillas
regordetas hasta convertirse en personas adultas
excepcionales.
Lágrimas de alegría han llenado mis ojos en
innumerables graduaciones y bodas.
Mi vida ha estado repleta de mañanas de Navidad
y vacaciones de verano.
Estos son los dones especiales de una vida larga.
Recuerdos tiernos que enriquecen mi vida sin
medida.
Es cierto que he conocido alturas y profundidades,
tanto la alegría como el dolor.
Pero a pesar de todo, has sido fiel.
Que las huellas que deje tras mi vida larga guíen a
otras personas hacia ti.
Acepto el día de hoy como un regalo más.

Lo abriré con un corazón agradecido, sabiendo que tengo un propósito en este día.
¡A ti sea la gloria!

Salmo 92:14-15

«Aun en su vejez, darán fruto;
siempre estarán vigorosos y lozanos,
para proclamar: «"El Señor es justo;
él es mi Roca, y en él no hay injusticia"».

Filipenses 1:4-6

«En todas mis oraciones por todos ustedes,
siempre oro con alegría, porque han participado
en el evangelio desde el primer día hasta ahora.
Estoy convencido de esto: el que comenzó
tan buena obra en ustedes la irá perfeccionando
hasta el día de Cristo Jesús».

LENGUA

Oh, Señor, a veces digo cosas antes de pensar.
En mi frustración, las palabras salen a borbotones
y desearía no haberlas dicho.
Hoy clamo a ti en mi oración privada. Ayúdame a
controlar mi lengua.
La vejez no da licencia para los prejuicios ni para el
orgullo.
Perdóname cuando me lleno de arrogancia, y creo
que me he ganado el derecho a ser mordaz y
expresarme con severidad.
Cuando mis palabras sean duras o hirientes,
convence a mi espíritu crítico.
Sustituye los chismes o el sarcasmo por palabras
que calmen y edifiquen.
Pon la bondad en mis labios y la sensibilidad en mi
corazón para cada persona vecina, cuidadora,
empleada y para cada uno de mis familiares.
Quiero que sea un placer el que yo esté cerca de
las personas, aunque las demás personas no lo
sean.
Que mi lengua sea un instrumento para
glorificarte.

SALMO 37:30 (DHH)

«El hombre bueno habla con sabiduría;
el hombre bueno habla con justicia».

SANTIAGO 3:9-10 (DHH)

«Con la lengua, lo mismo bendecimos a nuestro Señor y Padre, que maldecimos a los hombres creados por Dios a su propia imagen.
De la misma boca salen bendiciones y maldiciones.
Hermanos míos, esto no debe ser así».

El comienzo de un día nuevo

El sol anuncia un nuevo día y ya me embarga el temor.
Después de una noche sin descanso, la mañana parece más una carga que una bendición.
Oh Dios, ¿dónde está la alegría cuando el amanecer trae otra lucha solo para salir de la cama?
Siento cansancio y frustración por un cuerpo que está agotado y falla.
Cómo anhelo ver y oír sin ayuda, moverme sin dolor, bailar con facilidad y confianza.
Oh, Señor, dame la gracia para afrontar todos los retos que se presenten hoy.
Dame tu fuerza sobrenatural para ser mejor y no caer en la amargura.
Convierte mi desesperación en un deleite divino.
Aunque mis pies no puedan bailar, mi corazón lo hará.
Aunque mis manos tiemblen, las levantaré en alabanza.
Aunque mi boca luche por mostrarlo, compartiré mi sonrisa con otra persona.
Que nunca piense que soy una persona demasiado vieja para crecer en la fe.

Permite que me pierda en la maravilla de la
adoración.
¡Que llegue el nuevo día!

Salmo 143:8

«Por la mañana hazme saber de tu gran amor,
porque en ti he puesto mi confianza.
Señálame el camino que debo seguir,
porque a ti elevo mi alma».

Filipenses 2:12-13

«Lleven a cabo su salvación con temor y temblor, pues Dios es quien produce en ustedes tanto el querer como el hacer para que se cumpla su buena voluntad».

Iglesia

Dios, extraño mi iglesia.
Sé que es más que un edificio, pero echo de menos
los vitrales familiares que despliegan dibujos
coloridos por el suelo del santuario.
Echo de menos la música del piano que llena el
espacio sagrado.
Anhelo tocar el banco de la iglesia que tiene un
nudo peculiar en la veta de la madera.
Décadas de culto, tantos recuerdos.
De bautismos y funerales, de bodas y cenas de
beneficencia.
Me gustaría poder arrodillarme ante el altar una
vez más y extender mis manos para aceptar el
sacramento de la Comunión.
Quiero ponerme de pie con mis amigos y mi
familia y elevar juntos nuestras voces en una
alabanza de agradecimiento.
Pero ahora el viaje a la iglesia se ha vuelto
demasiado agotador para mi cuerpo frágil.
Aquí, en casa, busco a tientas las páginas de mi
Biblia y me esfuerzo por concentrarme en cada
pasaje.
Cómo me gustaría que mi cuerpo encorvado
pudiera entrar erguido en el santuario familiar.

Pero puedo adorarte en cualquier lugar . . . desde mi cama o en mi silla.

Estoy en tu presencia. ¡Alabado sea!

Salmo 95:6-7

«Vengan, postrémonos reverentes,
doblemos la rodilla
ante el Señor nuestro Hacedor.
Porque él es nuestro Dios
y nosotros somos el pueblo de su prado;
¡somos un rebaño bajo su cuidado!».

Lucas 2:36-37

«Era muy anciana; casada de joven, había vivido
con su esposo siete años, y luego permaneció
viuda hasta la edad de ochenta y cuatro.
Nunca salía del templo, sino que día y noche
Adoraba a Dios con ayunos y oraciones».

NO ES EL FINAL DE LA HISTORIA

Dicen que toda buena historia debe tener un principio, un punto medio y un final.
Supongo que eso también es cierto para las novelas y los cuentos de hadas.
Para la historia de mi propia vida, el principio y el punto medio se escribieron hace años, pero no los capítulos finales.
Hasta ahora, ha sido una historia interesante con giros en la trama.
Y si miro con atención, veo la evidencia de tu fidelidad escrita en cada página.
Señor, todavía no sé cómo se desarrollarán los últimos párrafos.
No tengo la seguridad de cuándo daré mi último aliento.
Pero sí sé con certeza que la historia no terminará ahí.
Tu promesa de vida eterna da verdadero sentido al final del cuento de hadas: «Y vivieron felices para siempre».

Salmo 119:89-90

«Tu palabra, Señor, es eterna,
y está firme en los cielos.
Tu fidelidad permanece
para siempre;
estableciste la tierra, y quedó firme».

Juan 3:16

«Porque tanto amó Dios al mundo
que dio a su Hijo unigénito,
para que todo el que cree en él no
se pierda, sino que tenga vida eterna».

No entienden

No lo entienden.

Puedo ver la mirada incómoda en los ojos de las personas cuya visita ocasional al centro de ancianos es vista como una obligación aterradora.

El ver a las personas ancianas con cuerpos desgastados les incomoda.

Son personas que llegan a visitar en época de vacaciones, portando sonrisas forzadas y baratijas alegres.

Me doy cuenta de que agachan la cabeza y miran hacia otro lado, como si la vejez fuera demasiado dolorosa de presenciar.

Casi puedo oír sus súplicas silenciosas: «Oh, Dios, no me dejes vivir así nunca».

Prefieren no ver la realidad del envejecer. Pero no lo entienden.

Este lugar es nuestra Betzatá, el estanque alimentado por un manantial donde se reunían los inválidos y los marginados en tiempos bíblicos.

Es Jesús quien se encuentra aquí con nosotros. Busca a quienes tienen el cuerpo encorvado. Acoge a quienes derraman la comida en su regazo.

Aquí sana nuestros espíritus rotos.

Quiero gritar a los visitantes y decirles: «¡No miren para otro lado! Soy un hijo exquisito de Dios».

Señor, dame fuerza para tolerar la lástima con que estas personas nos miran.

Dales corazones tiernos y manos que sirvan con humildad.

Porque un día, ellas también podrán reunirse, encorvadas y frágiles, en el estanque de Betzatá.

Salmo 41:1

«Dichoso el que piensa en el débil;
el Señor lo librará en el día de la desgracia».

Juan 5:3-9

«En esos pórticos se hallaban tendidos muchos enfermos, ciegos, cojos y paralíticos. Entre ellos se encontraba un hombre inválido que llevaba enfermo treinta y ocho años. Cuando Jesús lo vio allí, tirado en el suelo, y se enteró de que ya tenía mucho tiempo de estar así, le preguntó:

—¿Quieres quedar sano?

—Señor —respondió—, no tengo a nadie que me meta en el estanque mientras se agita el agua y, cuando trato de hacerlo, otro se mete antes.

—Levántate, recoge tu camilla y anda —le contestó Jesús.

Al instante aquel hombre quedó sano, así que tomó su camilla y echó a andar».

ZAPATOS CÓMODOS

Tengo varios pares de zapatos en el fondo de mi armario.
Todos son cómodos y de diseño poco elegante.
Son prácticos, con suelas gruesas y antideslizantes. Fáciles de poner y quitar, algunos con tiras adhesivas en lugar de lazos.
Tengo mi par de zapatos favoritos anidados bajo el borde de mi cama, al alcance de la mano.
Los zapatos cómodos son lo suficientemente ajustados, pero no demasiado; justo para los pies callosos con las uñas amarillentas.
Hoy, cuando me coloque mis zapatos cómodos, haré una oración por los niños de todo el mundo que no tienen ni siquiera un par de zapatos.
Cuando me acaricie los tobillos hinchados, diré unas palabras de agradecimiento por poder seguir caminando.
Oh Señor, dame esperanza más allá de la razón, fe más allá del sentido común, vida más allá de la vejez.
En este día, deja que estos zapatos cómodos caminen cerca de ti.

Salmo 37:23-24

«El Señor afirma los pasos del hombre
cuando le agrada su modo de vivir;
podrá tropezar, pero no caerá,
porque el Señor lo sostiene de la mano».

Santiago 4:8

«Acérquense a Dios, y él se acercará a ustedes».

La sombra de la muerte

¿Cuántas veces he oído a un ministro(a) leer el
Salmo 23 en el funeral de un ser querido?
¿Cuántas veces he trazado la Escritura con el dedo?
«El Señor es mi pastor, nada me falta;
en verdes pastos me hace descansar.
Junto a tranquilas aguas me conduce;
me infunde nuevas fuerzas.
Me guía por sendas de justicia
por amor a su nombre.
Aun si voy por valles tenebrosos,
no temo peligro alguno
porque tú estás a mi lado;
tu vara de pastor me reconforta».
Me pregunto qué significa realmente caminar por valles tenebrosos.
Cuando leo estas palabras, mi mente evoca acantilados rocosos y barrancos profundos.
Tiemblo al pensar en un viaje a un lugar desconocido.
Pero en tu misericordia, Dios, me atraes a estas palabras familiares una vez más, trayendo revelación y consuelo.
Para atravesarlo. No para detenerse o quedarse, sino para pasar.

No el valle de la muerte sino el valle *tenebroso* de la muerte.

Si hay sombra, también debe haber luz.

Tu Palabra me promete que Jesús es la luz del mundo.

No temeré ningún mal.

Alabado sea Dios por la plenitud de la luz que me conducirá con seguridad a casa.

Salmo 56:3-4 (DHH)

«Cuando tengo miedo, confío en ti.
Confío en Dios y alabo su palabra;
confío en Dios y no tengo miedo.
¿Qué me puede hacer el hombre?».

Mateo 4:16

«El pueblo que habitaba en la oscuridad
ha visto una gran luz;
sobre los que vivían en densas tinieblas
la luz ha resplandecido».

Perdón

Durante todos estos años, lo he mantenido enterrado como un carbón caliente.
Resentimiento ardiente.
Un socio de negocios me traicionó hace décadas. Un vecino dijo cosas desagradables sobre mi hijo.
Un familiar hirió mis sentimientos en el camino de la vida.
Y desde entonces, enterré el dolor hasta que no pude verlo más.
Pensé que con el tiempo el carbón se extinguiría en un frío trozo de nada, pero no fue así.
Todavía brilla con fuerza en la grieta más profunda de mi corazón.
Durante años anhelé escuchar una disculpa, pero nunca la obtuve.
Lo más probable es que nunca lo haga.
Pero he dejado que el dolor se consuma durante demasiado tiempo. El perdón no es fácil, incluso cuando estamos en la vejez. Señor, no puedo hacer esto por mi cuenta.
Deja que el agua fresca de tu gracia fluya sobre mí hasta que el carbón ardiente se apague finalmente.

Me has perdonado una y otra vez. ¿Cómo no voy a hacer lo mismo?

Salmo 130:3-4

«Si tú, Señor, tomaras en cuenta los pecados,
¿quién, Señor, sería declarado inocente?
Pero en ti se halla perdón,
y por eso debes ser temido».

Colosenses 3:13

«de modo que se toleren unos a otros y se perdonen si alguno tiene queja contra otro. Así como el Señor los perdonó, perdonen también ustedes».

Música

Nada vigoriza mi alma como el sonido de los himnos familiares y las canciones de alabanza.
Cuando siento depresión, me levantan el espíritu como una oración respondida.
Melodías tiernas. Armonía eterna. La seguridad de un mañana mejor.
Algunas son silenciosas y tiernas; otras me hacen golpear la mesa al ritmo.
¡Oh!, Señor, aunque mi voz sea débil, mi corazón no puede callar.
Mi mente no puede recordar cada letra, pero mi alma grita con gozo indecible.
Hoy me uniré a las voces de Pablo y Silas, cantando himnos de alabanza a medianoche.
¡Hoy superaré a los ángeles! ¡Alabado seas, oh Dios!

Salmo 30:4

«Canten al Señor, ustedes sus fieles;
alaben su santo nombre».

Hechos 16:25

«A eso de la medianoche, Pablo y Silas
se pusieron a orar y a cantar himnos a Dios,
y los otros presos los escuchaban».

MIEDO

Hay días en los que el miedo me invade.
Libro una batalla privada con las dudas: «y si . . .», «y entonces si . . .».
Oh, Señor, admito que me aterrorizan las ambulancias y las pruebas médicas.
Las malas noticias, los huesos rotos y las enfermedades prolongadas.
Aquí estoy, a mi edad avanzada, y me temo que ni siquiera conozco la Biblia como debería.
Me siento tan vulnerable, Señor.
Sácame de este pozo de desesperación y acércame a ti.
Tú que calmaste las aguas, por favor calma mi corazón ansioso.
Protégeme de mis miedos más profundos.
Solo tú eres mi refugio y mi fuerza.
Tu gracia me suministra todo lo que necesito para soportar, pues tengo una misión divina que cumplir.

Salmo 27:1

«El Señor es mi luz y mi salvación;
¿a quién temeré?
El Señor es el baluarte de mi vida;
¿quién podrá amedrentarme?».

Romanos 8:38-39

«Pues estoy convencido de que ni la muerte ni la vida, ni los ángeles ni los demonios, ni lo presente ni lo por venir, ni los poderes, ni lo alto ni lo profundo, ni cosa alguna en toda la creación podrá apartarnos del amor que Dios nos ha manifestado en Cristo Jesús nuestro Señor».

RESPIRAR

Oh Dios, a veces apenas puedo respirar.
Lo más difícil es cuando hace demasiado calor,
demasiado frío o está demasiado contaminado.
En esos días me cuesta hasta respirar
superficialmente.
Jadeo con miedo como quien apenas aprende a
nadar.
Intento amortiguar el sonido desesperado, pero no
puedo.
Me quedo inmóvil y miro nerviosamente por la
ventana mientras el mundo pasa.
Oh Dios, así no es como quería que fuera la vida.
Atado(a) a un tanque de oxígeno por un tubo
en mi nariz. Fatigándome después de una
caminata corta.
Apresurándome a tomar otro tratamiento
respiratorio con inhaladores y nebulizadores.
Qué no daría por una respiración fácil que me
llene.
Oh, Señor, recuerdo que lo diste todo para
llenarme.
Has dado a tu Hijo para que yo pueda vivir mucho
después de mi último aliento.

Hebreos 13:5

Dios ha dicho:
«Nunca te dejaré;
jamás te abandonaré».

Hechos 17:24-25 (DHH)

«El Dios que hizo el mundo y todas las cosas que hay en él, es Señor del cielo y de la tierra. No vive en templos hechos por los hombres, ni necesita que nadie haga nada por él, pues él es quien nos da a todos la vida, el aire y las demás cosas».

LEGADO

Oro para que cuando me vaya, mi familia y mis amistades sigan adelante.

No solo seguir adelante, sino continuar con un legado de fe.

Dejaré atrás algunas joyas, el bastón tallado a mano de mi padre y el resto de mi fondo de jubilación.

Pero no puedo dejarles una porción de fe. No existe la fe de segunda mano.

Creo que me incomoda demasiado hablar de temas espirituales con las personas que más quiero. Ni siquiera sé por qué.

Oh Dios, dame las palabras para hablar y el valor para decirlas.

Sobre los milagros que he presenciado.

Sobre cómo has sido fiel incluso cuando yo no lo he sido.

Quiero que entiendan que no se trata solo de ser personas buenas y morales. Ni siquiera se trata de hacer cosas nobles.

Se trata de ti. Se trata de glorificarte.

En este invierno de mi vida, que el fuego de mi fe brille con fuerza para que las demás personas lo vean.

¡Todo es para tu gloria!

Salmo 89:1

«Oh Señor, por siempre cantaré
la grandeza de tu amor;
por todas las generaciones
proclamará mi boca tu fidelidad».

Lucas 1:50

«De generación en generación
se extiende su misericordia a
los que le temen».

Nostalgia

¿Nostalgia a los noventa y dos años?
La nostalgia tiene sentido para un niño de siete años que se va de campamento.
Pero soy muy anciano(a).
¿Por qué esta añoranza por mi casa?
Creo que es porque me hiciste así, Dios.
Me creaste con un cuerpo terrenal, pero con un espíritu celestial que anhela estar contigo.
Este mundo no es mi hogar. En realidad, no.
Puedo recordar cada rincón del viejo hogar.
Es donde crié a mi familia y pasé tiempo en la cocina.
Esos recuerdos vívidos traen consuelo y alegría.
Pero por muy maravilloso que fuera, el cielo es mejor.
Me prometes que el cielo está más allá de mi imaginación, un lugar donde el dolor y la preocupación no existen.
Algunos días me pregunto cuánto tiempo más, Dios.
Parece que he tomado el camino largo a casa.
Pero ha sido todo un peregrinaje.
Todo un peregrinaje, sin duda. Y aún no ha terminado.

¡Que haya alabanza en mis labios y adoración en mi corazón!

Salmo 63:3-4

«Tu amor es mejor que la vida; por eso
mis labios te alabarán.
Te bendeciré mientras viva, y alzando
mis manos te invocaré».

1ª a los Corintios 2:9

Sin embargo, como está escrito:
«Ningún ojo ha visto,
ningún oído ha escuchado,
ninguna mente humana ha concebido
lo que Dios ha preparado para quienes lo aman».

Dudas

Cuando se llega a mi edad, se supone que se tiene todo resuelto, o al menos eso es lo que yo solía pensar.

Ya no lo veo de esa manera.

Hay momentos en los que tengo fe y dudo al mismo tiempo.

Supongo que algunas personas ancianas somos demasiado orgullosas para admitir que tenemos dudas, especialmente sobre las situaciones difíciles de la vida.

¿Por qué mueren bebés inocentes y se enriquecen las personas codiciosas?

Si me amas tanto, ¿por qué me has traído a esta época dolorosa?

Hubo momentos en mi vida en los que creí que obrarías de cierta manera, pero no lo hiciste.

Un ser querido no se curó. Una carrera no se realizó. Un sueño no se cumplió.

A veces oigo a la gente decir todas las respuestas correctas sobre ti, pero me asustan más que las dudas ocasionales.

Oh, Señor, dame una fe auténtica. Una fe real y esencial para los momentos en los que dudo.

Creo. Ayúdame en mi incredulidad.

Salmo 42:11

«¿Por qué voy a inquietarme?
¿Por qué me voy a angustiar?
En Dios pondré mi esperanza,
y todavía lo alabaré.
¡Él es mi Salvador y mi Dios!».

Juan 20:27

Luego le dijo a Tomás:
«—Pon tu dedo aquí y mira mis manos.
Acerca tu mano y métela en mi costado.
Y no seas incrédulo, sino hombre de fe».

Envejecer bien

¿Qué significa envejecer bien?
¿Se trata de conservar la agudeza mental o de parecer
años más joven que su edad?
Dios, creo que tu intención para nosotros de envejecer bien no es
un tema de apariencia física o de rapidez de nuestra memoria.
Envejecer bien es doblegar mi voluntad a la tuya.
Solo así podrás utilizar cada situación para hacerme más semejante a Jesús.
Señor, soy una persona anciana pero quiero ser una vasija de humildad y gracia que pueda derramarse en la vida de las demás personas.
Creo que este es el secreto para envejecer bien.

Salmo 40:8

«Me agrada, Dios mío, hacer tu voluntad;
tu ley la llevo dentro de mí».

Colosenses 3:12

«Por lo tanto, como escogidos de Dios, santos y amados, revístanse de afecto entrañable y de bondad, humildad, amabilidad y paciencia».

Printed in the USA
CPSIA information can be obtained
at www.ICGtesting.com
JSHW010708080424
60535JS00004B/16

9 780835 819794